AF264038

NOTICE HISTORIQUE

SUR

CLAUDE ROBERT,

Auteur de la GALLIA CHRISTIANA,

PAR M. SOCARD,

BIBLIOTHÉCAIRE-ADJOINT DE LA VILLE DE TROYES.

TROYES.

BOUQUOT, IMPRIMEUR-LIBRAIRE, RUE NOTRE-DAME, 86.

1853.

NOTICE HISTORIQUE

SUR

CLAUDE ROBERT,

Auteur de la *Gallia Christiana,*

Par M. SOCARD, Bibliothécaire-Adjoint de la ville de Troyes.

CLAUDE ROBERT, chanoine de la Chapelle-au-Riche de Dijon, et grand-vicaire du diocèse de Chalon-sur-Saône, naquit, vers l'an 1564, dans le petit village de Chesley, à 11 kilomètres de Chaource, son canton, et à 27 de Bar-sur-Seine, son chef-lieu d'arrondissement. Ce village faisait alors partie du diocèse de Langres, et voilà pourquoi nous voyons accolés au nom de Robert ces mots : *Prêtre de Langres.* C'est à tort que le P. Jacob, dans son ouvrage intitulé : *De claris Scriptoribus Cabilonensibus,* et M. L. Chevalier, auteur de l'*Histoire de Bar-sur-Aube* (Bar-sur-Aube, 1851), le font naître à Bar-sur-Aube. Le P. Perry, savant jésuite, dit positivement, dans son *Histoire de la ville de Chalon,* qu'il « naquit à Chesley, village
» entre les villes de Bar-sur-Seine et de Tonnerre, et du diocèse de
» Langres, d'une famille peu conneüe. » Il ajoute : « On voit en-
» core la maison de son père, qui estoit assez bien accommodé
» pour un homme de sa condition. » Robert nous apprend lui-même quelque part qu'après avoir fait ses premières études dans

le lieu même de sa naissance, il se rendit à Paris et y continua ses études au collége de Cambrai, où il obtint une bourse. Il suivit assidûment pendant quelques années les leçons du célèbre et savant Théodore de Marsilly, professeur au Collége-Royal, qui comprit bientôt la valeur d'un tel disciple, et se plut à le diriger dans la culture des Belles-Lettres. Les progrès de Robert furent rapides, et il eut achevé bientôt ses cours de philosophie et de théologie. Ses seuls plaisirs étaient la lecture des ouvrages sérieux et ayant trait au genre d'études qu'il embrassait. Il montra la même ardeur et obtint les mêmes succès dans l'étude approfondie qu'il fit du droit. Aussi, comme il avait su allier la piété la plus tendre et les meilleures qualités du cœur à ses talents remarquables et à sa science étendue, il s'attira l'estime et la confiance de M. Frémyot, président au Parlement de Dijon, frère de la célèbre Mme de Chantal, fondatrice de l'ordre de la Visitation. Ce personnage, de haut mérite et d'une illustre naissance, sut apprécier le jeune Robert à sa juste valeur. Il le choisit pour être le précepteur de son fils André Frémyot, qui fut depuis abbé de Saint-Etienne de Dijon, et ensuite archevêque de Bourges.

Robert, après s'être fait recevoir licencié en droit canon, quitta Paris et revint en Bourgogne avec son élève. Il y fit quelque séjour, et, en 1590, il fut pourvu d'un canonicat à la Chapelle-au-Riche de Dijon. Il conserva ce bénéfice jusqu'au 27 avril 1609, époque à laquelle il le résigna à Barthélemy Quarré, son parent.

Robert parcourut avec son disciple la France, la Flandre, l'Allemagne et l'Italie. Nous trouvons leurs noms cités comme présents à une thèse de médecine soutenue en 1594, dans l'université de Padoue, par Jean Guénebault, dijonnais, auteur du *Réveil de Chindonax*. Robert s'acquit à Rome l'estime des personnages les plus éminents tant par leur vertu que par leur science, tels que les cardinaux Baronius, Bellarmin et d'Ossat. Tout ce que la cour de Rome possédait de plus poli et de plus distingué recherchait son amitié. Ce fut dans la capitale du monde chrétien qu'il conçut le plan de son grand ouvrage de la *Gallia Christiana*. Il confia son projet au cardinal Baronius, qui l'invita à l'exécuter en lui disant qu'il ne connaissait personne plus capable que lui d'entreprendre un pareil travail et de le bien faire : éloge très-flatteur, mais aussi justement mérité.

Sur ces entrefaites, André Frémyot fut élevé sur le siége archiépiscopal de Bourges (7 décembre 1603). Robert l'accompagna dans son diocèse et lui prêta l'appui de ses lumières et de son expérience. Plus tard, l'archevêque de Bourges consentit à se séparer de celui qu'il appelait son conseil ; mais, en agissant ainsi, il sacrifiait son intérêt et celui de son église, pour ne consulter que le bien de son neveu Jacques de Nuchèses. Se rappelant les pieux exemples et les saintes leçons de son ancien précepteur, il lui abandonna l'éducation de son neveu chéri, certain qu'il en ferait un disciple digne du maître. C'est ce qui arriva. Jacques de Nuchèses monta, en 1624, sur le siége épiscopal de Châlon-sur-Saône, qu'il illustra par ses vertus et ses talents. Robert était alors âgé d'environ soixante ans. Jacques de Nuchèses, reconnaissant tout ce qu'il devait à un tel précepteur, lui conféra un canonicat de sa cathédrale, le fit son archidiacre et son grand-vicaire. Robert se contenta de ce seul bénéfice et refusa constamment tous les autres que son évêque voulait lui faire accepter.

Je ne saurais mieux dépeindre ici la vie que mena Claude Robert dans ses dernières années qu'en citant textuellement un passage qui le concerne dans l'ouvrage du P. Perry déjà invoqué. On y trouve des détails charmants de fraîcheur et de naïveté : « Jamais,
» dit-il, il (Robert) ne manquoit d'assister au chœur, et ne bougeoit
» de son cabinet, si ce n'est que sur le soir durant l'esté, il se di-
» vertissoit un peu à la promenade avec ses amis et n'avoit avec
» eux que de sçavans entretiens. Ainsi il passoit doucement sa
» vieillesse, et ne pensoit qu'à s'acquitter des devoirs de sa pro-
» fession et de ses emplois. Il avoit l'esprit plus grand que le
» corps, il estoit fort petit, d'un maintient fort modeste et d'un
» naturel très-doux et qui sembloit n'avoir point de passions. Son
» âme y estoit logée comme une précieuse essence, ou un parfum
» exquis dans une petite fiole ou dans une petite boëtte. On pour-
» roit dire de luy, ce que le Sauveur dit d'un saint, que c'estoit un
» véritable Israélite, en qui il n'y avoit de finesse, ny de fourbe. Il
» se disposa à la mort avec les mesmes yeux qu'il l'avoit toûjours
» regardée. Il en surmonta la peur par l'espérance qu'il avoit,
» qu'elle lui serviroit de passage pour l'Eternité bien-heu-
reuse. »

Robert mourut à Châlon-sur-Saône, dans le palais épiscopal, où il était logé, le 16 mai 1637, à l'âge de soixante-treize ans environ, après avoir reçu tous les sacrements de l'Eglise. Jacques de Nuchèses, son disciple et son évêque, honora sa mémoire de l'épitaphe suivante, gravée sur une lame de cuivre attachée à un pilier qui faisait face à son tombeau, dans l'église cathédrale de Châlon :

D. O. M.

Hic jacet Claudius Robertus, Presbyter Lingonensis diœcesis, hujus ecclesiæ Canonicus, Major Archidiaconus, autor Galliæ Christianæ, *qui obiit 16 Maii, anno 1637. Posuit amantissimo præceptori Cabilonensis Episcopus Jacobus, et ei quem vivum suum constituerat Vicarium Generalem, exanimi voluit hoc studio gratitudinis parentari.*

« A DIEU TRÈS-BON ET TRÈS-GRAND.

» Ci gît Claude ROBERT, Prêtre du diocèse de Langres, Chanoine » de cette Eglise, Grand-Archidiacre, auteur de la *Gallia Chris-* » *tiana,* qui mourut le 16 du mois de mai de l'année 1637. Jac- » ques, Evêque de Châlon, éleva ce monument à la mémoire de » son Précepteur chéri, et voulut que celui qu'il avait fait pendant » sa vie son Vicaire-Général, reçût après sa mort ce témoignage » d'affectueuse gratitude. »

Cette épitaphe ainsi que le tombeau ont disparu de l'église Saint-Vincent de Châlon-sur-Saône : le tombeau, par suite de vétusté et faute de restauration; l'épitaphe, à la révolution de 1789, qui mettait à la fonte tous les objets en cuivre.

J'ai dit que le tombeau avait disparu par suite de vétusté. En effet, une délibération du conseil de fabrique de Saint-Vincent avait pour but, vers le milieu du siècle dernier, de faire restaurer, entre autres tombes, celle de Claude Robert, qui se trouvait alors fort délabrée.

D'autres épitaphes ont été composées à la louange de Claude Robert. On les trouvera dans le livre du P. Jacob *De claris Scriptoribus Cabilonensibus:*

Robert avait une connaissance parfaite des langues savantes. Il laissa par testament au collége des Jésuites de Châlon, qu'il affectionnait beaucoup, sa bibliothèque composée de livres choisis et précieux, surtout quant à la partie historique, qui était plus nombreuse que les autres.

L'ouvrage le plus important de Robert, celui qui doit immortaliser son nom, a pour titre : *Gallia Christiana, in quâ Regni Franciæ ditionumque vicinarum Diœceses, et in iis Præsules describuntur.* Lutetiæ Parisiorum, sumptibus Seb. Cramoisy, 1626, in-fol., avec une carte géographique intitulée : *Notitia chorographica Epis-*

copatuum Galliæ. Voici maintenant la description de l'ouvrage.

D'abord il est précédé de deux dédicaces, l'une en prose : *A Dieu et à Notre-Seigneur, Deo et Domino nostro, Votum ;* l'autre, en grands vers : *Aux Evêques de France, Divis Galliæ Præsulibus, Votum.* Cette dernière pièce est composée de quarante-quatre vers alexandrins d'une facture facile, mais auxquels on peut reprocher, comme à tous les poèmes de cette époque, une exagération d'idées et d'expressions. Vient ensuite une épître en prose à Jacques de Nuchèses : *Illustrissimo ac Reverendissimo DD. Jacobo de Neuf-Chezes Des-Frans, Cabilonensi Episcopo, Regis in sanctiore Consistorio, et Parlamento Burgundiæ Consiliario.* Dans cette épître, qui est aussi une dédicace, l'auteur donne de grands éloges à son disciple : « Vous êtes, lui dit-il, digne de la pourpre romaine, et si quel- » qu'un vous égale en vertu, il ne vous est pas supérieur assuré- » ment. Votre gloire ne vient pas du rang élevé auquel vous êtes » monté, mais du mérite qui vous y a fait monter. » Il termine par ces deux vers :

> Annue conanti per laudes ire tuorum,
> Scribentem juvet ipse favor, minuatque laborem.

Après cette épître se trouve un *Avertissement au Lecteur, ad Lectorem monita.* C'est ici que se révèle toute la modestie de l'auteur. Après avoir fait connaître le but qu'il s'est proposé dans son ouvrage, il ajoute : « J'avais seulement l'intention de tracer ce qu'il » y avait à faire dans un travail de ce genre d'après ce qui était » déjà fait ; mais, cédant aux avis, aux exhortations, aux ordres de » l'illustre patriarche André Frémyot, j'ai osé aller plus loin. La » postérité me tiendra-t-elle compte de mon travail ? Je l'ignore, » et cependant je ne suis pas tout-à-fait indigne de son souvenir, » je ne dirai pas, pour mon esprit (ce serait trop présomptueux), » mais pour la peine que je me suis donnée. » On dirait que Robert avait entrevu dans l'avenir l'ingratitude dont il serait l'objet de la part de ses continuateurs. Pourtant ce n'est pas ainsi qu'il agit. A l'entendre, rien ne lui appartient. Il craint qu'on ne le surprenne en flagrant délit de pillage, qu'on ne l'accuse de plagiat. Aussi, voyez-le nous donner sept lignes entières de noms propres d'auteurs dans les ouvrages desquels ou près desquels il a puisé quelques renseignements. Il aurait pu taire beaucoup de ces noms, car il va jusqu'à comprendre dans sa liste ceux des savants qui lui ont fourni des documents de vive voix ; mais non, ce ne serait pas d'une âme noble; il vous le dit lui-même : *Ingenui est animi fateri per quos profeceris.*

Je ne puis m'empêcher ici de mettre en parallèle la conduite de Robert et celle de MM. de Sainte-Marthe, ses continuateurs. On vient de voir avec quelle scrupuleuse exactitude Robert cite tous les auteurs qui lui ont transmis des documents, soit par écrit, soit de vive voix. Eh bien! il meurt, après avoir mis au jour sa *Gallia Christiana,* ouvrage de 800 pages in-folio environ. Il laisse en outre de nombreux matériaux amassés par lui pour une seconde édition. Les frères Scevole III et Louis de Sainte-Marthe reçoivent de M. le conseiller de la Marre ce précieux dépôt. Ils construisent sur le même plan un ouvrage à la vérité beaucoup plus considérable, mais le plan était fait, l'édifice avait déjà atteint les proportions d'un monument, des matériaux restaient encore à employer. Robert en est donc le véritable architecte. MM. de Sainte-Marthe sont venus ensuite; ils ont donné à l'édifice de magnifiques augmentations, mais voilà tout. Leur part était assez belle dans l'histoire, et l'éclat de leur nom n'aurait point pâli devant l'aveu des obligations qu'ils avaient à Robert. On a donc raison de s'étonner avec tous les savants que les frères Sainte-Marthe n'aient pas rendu à ce modeste auteur la justice qu'ils lui devaient. C'est à peine s'ils lui font l'honneur de le nommer dans leur livre. Ils accusent les nombreuses lacunes qui se trouvent dans l'ouvrage de Robert : *C'est une œuvre,* disent-ils, *qu'il a fallu abattre pour l'asseoir sur d'autres bases.* Ils n'auraient pas parlé de lacunes, s'ils avaient lu dans la préface de notre auteur ce mot emprunté à Polybe : *Scriptorem œstimandum esse, non ex iis quœ prœtermisit, sed ex iis quœ dixerit; ut si hœc ab eo recte dicta sint, illa credantur judicio magis, quam ignorantia prœtermissa.* Maintetenant, ont-ils réellement assis sur de nouvelles bases, comme ils s'en flattent, l'œuvre de Robert? Il suffit d'une simple inspection des deux ouvrages, pour se convaincre que, sauf de légères modifications, le plan est à peu près le même.

Le reproche d'ingratitude fait à MM. de Sainte-Marthe est sévère, je l'avoue, mais d'autres auteurs le leur avaient fait depuis longtemps, notamment le P. Perry, dans son ouvrage cité plus haut, et M. Papillon, dans sa *Bibliothèque des auteurs de Bourgogne.* Ecoutez le P. Perry : « Les sieurs de Sainte-Marthe l'ont « augmenté (l'ouvrage de Robert) de trois grands volumes, et en « ont acquis une grande réputation, et pour sages et judicieux

« qu'ils aient esté, les sçavans se sont estonnez qu'ils ayent si peu
« parlé de luy, qu'ils ne luy font pas presque l'honneur de le
« nommer. Néantmoins, chacun sçait qu'ils n'ont travaillé que
« sur son dessein, et que leur ayant frayé un chemin qui luy a
« cousté bon à défricher, il estoit bien juste, qu'ils lui en temoi-
« gnassent plus de reconnaissance, qu'on n'en voit pas dans leur
« ouvrage. »

Oui, Robert peut avec vérité revendiquer comme siens tous les
différents accroissements de sa *Gallia Christiana*, et invoquer en
sa faveur cette maxime de droit : *Fundus tollit superficiem.*

On me pardonnera cette digression ; je reviens à la description
du livre de Robert.

L'auteur nous donne comme prolégomènes la liste de tous les
souverains Pontifes depuis S. Pierre jusqu'à Urbain VIII ; celle
des anti-papes, celle des empereurs Romains, celle des rois de
France, et par ordre de date et par ordre alphabétique ; celle des
rois de Navarre, des rois Visigoths, des rois de la Gaule Nar-
bonnaise et de l'Espagne ; celle des rois d'Angleterre, celle des
Conciles tenus en France ; enfin il nous donne un tableau intitulé :
*Tabula annorum a Christo et in eis litterarum Dominicalium, In-
dictionum et Paschatum.* A la suite de ces prolégomènes se trouvent différentes pièces de vers à la louange de l'auteur, et l'appro-
bation de l'ouvrage par l'autorité ecclésiastique et l'autorité sé-
culière.

La *Gallia Christiana* commence par la division de la Gaule en
provinces, ensuite en parlements et en diocèses. Cette dernière division comprend non-seulement la Gaule proprement dite, mais
encore le nord de l'Italie appelé Lombardie. Vient ensuite la liste,
par ordre alphabétique, et la description des archevêchés, des évêchés, des abbayes et autres bénéfices. On trouve dans la partie des-
criptive des documents historiques très-précieux, tels que lettres,
chartes, armoiries, etc. Le tout comprend 662 pages. La partie
qui intéresse le diocèse de Troyes, tel qu'il existait alors, va de la
page 485 à 491. Quant aux abbayes qui regardent ce même diocèse, on les trouvera à leur ordre alphabétique. En voici la
liste :

ORDRE DE SAINT-BENOIT.

Monastères d'Hommes.

Arremarense monasterium, Montiéramey ;

Cari-locus, prieuré de Challis ;
Cella S. Petri, Montier-la-Celle ;
Nigella abscondita, Nesle-la-Reposte.

Monastère de Femmes.

Paraclitus, le Paraclet.

ORDRE DE SAINT-AUGUSTIN.

Monastères d'Hommes.

De Cantumerulœ, Chantemerle ;
S. Lupi abbatia, abbaye de S. Loup ;
S. Martini in Areis, Saint-Martin-ès-Aires.

ORDRE DE CITEAUX.

Monastères d'Hommes.

Bulencuria, Boulencourt ;
Pietas-Dei, la Piété-Dieu ;
Reclusum, le Reclus ;
Ripatorium vel Arripatorium, Larrivour ;
Sigilleriœ vel Celleriœ, Scellières.

Monastères de Femmes.

Bella-aqua, Bellau ou Bellaigne ;
Gratia, N.-D.-de-la-Grâce ;
De Horto, Du Jardin ;
Pratense Cœnobium, N.-D.-des-Prés ;
Ramerudense Cœnobium, la Piété-lès-Ramerupt.

ORDRE DE PRÉMONTRÉ.

Bassus-fons, Basse-Fontaine ;
Bellus-locus, Beaulieu ;
Capella, la Chapelle-aux-Planches.

ORDRE DE CLUNY.

S. Sepulchri Prioratus, le prieuré du S. Sépulcre.

A cette liste, il faut ajouter le prieuré de Pont-sur-Seine, *Pons ad Sequanam,* dont Robert ne donne pas la filiation ; il dit seulement que c'était une abbaye de femmes.

Un *appendix* à la *Gallia Christiana* se divise en trois parties :

La première donne la liste des Chanceliers de France, Prélats de l'Eglise; celle des généraux d'Ordres, tels que Hospitaliers, Chartreux, Trinitaires ou Mathurins, Dominicains ou Jacobins, Franciscains ou Cordeliers, Augustins, Carmes, Minimes, Capucins et Jésuites. Cette première partie se termine par le catalogue des colléges que possédaient les Pères Jésuites en France et dans les provinces voisines.

La seconde partie de l'*appendix* comprend la liste des Archevêques ou Evêques qui portaient le titre de Patriarches.

La troisième partie contient deux notices très-estimées sur Dijon et Beaune, intitulées : *Divio, Belna.* Dans la première, Robert, pour prouver l'antiquité de la ville de Dijon, s'appuie sur une inscription grecque dont parle le médecin Jean Guenebault dans son *Réveil de Chindonax*, et qui fut trouvée près d'une ancienne voie romaine, à un demi-kilomètre de Dijon, sur un tombeau de pierre, le 2 novembre 1598. Ensuite il donne la liste des gouverneurs de Bourgogne, des premiers présidents au Parlement de Dijon, des abbés du monastère de Saint-Bénigne et de Saint-Etienne, l'histoire de la Chapelle royale, et la liste de ses Doyens. Dans la seconde notice, après avoir dit quelques mots sur la ville de Beaune, Robert donne la liste des doyens attachés à l'église de cette ville. Enfin, il termine cette troisième partie de son *appendix* par un discours latin intitulé : *De morte pulchra, honesta et pretiosa digressiuncula.* Cette dissertation, très-bien faite sur la bonne mort, sur la mort glorieuse, ne contient pas moins de neuf pages. Elle est appuyée sur des exemples nombreux tirés des temps antiques et des temps du Christianisme. L'auteur y met en parallèle le juste et le coupable au moment de la mort, et en fait ressortir la différence. Il combat victorieusement les doctrines des hérétiques contre le libre arbitre, et prouve que nous avons la liberté de marcher à nos fins.

Quelques pages d'omissions et de corrections, une table des matières, une interprétation de certains noms propres et une traduction française des noms latins assez éloignés de notre langue, terminent la *Gallia Christiana.*

Telle est l'analyse de ce grand ouvrage, qui est devenu l'une des pierres angulaires de notre histoire de France. On s'étonne en le parcourant qu'un seul homme ait pu le pousser aussi loin. Il est vrai de dire que quelques erreurs s'y sont glissées; mais pouvait-il en être autrement dans une si prodigieuse quantité de faits, lorsque nous voyons MM. de Sainte-Marthe eux-mêmes ne pouvoir se soustraire à cette fatale nécessité ; encore avaient-ils profité d'un premier travail.

Ici se placent naturellement les différentes éditions de la *Gallia Christiana* : qu'il me soit permis de dire un mot sur chacune d'elles.

Dix-neuf ans après la mort de Robert, parut ce que j'appelle la seconde édition de son œuvre. Préparée par Scévole III et Louis de Sainte-Marthe, elle fut éditée par Pierre, Abel et Nicolas, leurs fils et neveux, sous ce titre : *Gallia Christiana, qua series omnium Archiepiscoporum, Episcoporum et Abbatum Franciæ, vicinarumque ditionum, ab origine Ecclesiarum ad nostra tempora, per quatuor Tomos deducitur.* Lutetiæ Parisiorum, apud Petrum Ménard, 1656. 4 vol. in-fol. Elle est beaucoup plus ample que la précédente. Le quatrième volume est enrichi d'une carte géographique de la France, divisée en archevêchés, évêchés et abbayes. La liste des évêques et des doyens de l'Eglise de Troyes se trouve dans le troisième volume.

Le quatrième volume est exclusivement consacré aux abbayes de France.

L'édition qui suit et que l'on peut dire la troisième, est intitulée : *Gallia Christiana in Provincias ecclesiasticas distributa*, etc. Lutetiæ Parisiorum, 1715-1785 (ou avec un nouveau titre : Parisiis, e typ. reg. 1716-1785). 13 vol. in-fol. avec une carte géographique pour chaque province ecclésiastique. Cette édition parut successivement. Elle fut commencée par le P. Denis de Sainte-Marthe, qui en donna 6 volumes, de 1715 à 1739. Ensuite les Bénédictins de Saint-Maur la continuèrent ; et en 1789, le 14ᵉ volume était sous presse, déjà les deux premiers feuillets avaient été imprimés, lorsque la révolution interrompit ce précieux travail. Il est très-regrettable que cet important ouvrage soit resté imparfait : d'après Brunet, il faudrait au moins trois volumes pour le compléter. La collection des treize volumes est très-rare maintenant.

La partie qui regarde l'Eglise de Troyes est contenue dans le tome xiiᵉ, de la page 483 à 624. Les abbayes y sont renfermées. Ici ce n'est plus une sèche nomenclature d'évêques, de doyens, d'abbayes, d'abbés ; souvent on trouve des détails historiques qu'on chercherait vainement ailleurs. Chaque abbaye, par exemple, est précédée d'une petite notice. On remarquera que plusieurs abbayes dénommées plus haut ne figurent plus dans la liste que donne la dernière édition de la *Gallia Christiana*; c'est qu'elles n'existaient plus en 1770, époque de l'impression du tome xii°. En revanche, on y trouve l'indication de cinq abbayes que les précédentes éditions avaient omises. Ce sont : le prieuré de Saint-Julien-de-Sézanne, l'abbaye de Notre-Dame-aux-Nonnains, Bricol, ou Notre-Dame-de-Sézanne, Macheret et la Chapelle-aux-Planches.

Il est inutile de faire remarquer que *Clairvaux*, la *Gloire-Dieu*, la *Grâce-Dieu*, *Mores* et d'autres abbayes ne figurent point ici à dessein; car on sait qu'elles faisaient partie de l'Eglise de Langres, avant la nouvelle circonscription des diocèses, d'après la division de la France en départements.

Claude Robert est encore auteur de trois traités que sa modestie l'a empêché de publier. En voici les titres :

1° *Adagia sacra ex sacris scripturis eruta ;*
2° *De Theologia scholastica ;*
3° *De Geographia.*

André Duchesne, à la fin de sa préface de l'*Histoire généalogique des ducs de Bourgogne*, Paris, 1628, in-4°, dit que Robert lui a fourni plusieurs enseignements pour l'illustration de la branche des seigneurs de Montagu.

On me saura gré, sans doute, de donner, à la fin de cette notice, un *anagramme*, composé, dans le goût de l'époque, à la louange de Claude Robert, par un troyen, son contemporain. Le voici tel qu'il se trouve en tête de la *Gallia Christiana* :

DOCTISSIMI, PROBITATISQUE AMANTISSIMI VIRI CLAUDII ROBERTI

ANAGRAMMA.

CLAUDIUS ROBERTUS.

CLARUS DUOBUS ERIT.

*Terra Polus*que simul certant de sede *Roberto*
  Danda, in qua merito possit honore frui.
Hunc *Polus*, ob summam probitatem poscit habere ;
  Scriptorum titulo vult sibi *Terra* dari.
Sic poterit litem justus componere Judex
  Si dicat : *Clarus* jure *duobus erit.*

LE MAISTRE, Trecensis.

En voici la traduction littérale, dépourvue bien entendu de tout
jeu de mots :

« La terre et le ciel se disputent à l'envi l'honneur d'élever à
« Robert un trône digne de lui. Le ciel le réclame pour son émi-
« nente vertu; la terre veut le posséder à titre d'écrivain. Voici
« comment le juste juge pourra trancher la querelle; c'est en di-
« sant : Pour tous deux à bon droit il sera célèbre. »

Oui, Claude Robert sera célèbre, surtout pour le département
de l'Aube qui l'a produit. Son ouvrage immortel sera sa gloire et la
nôtre; son nom, le plus humble, peut-être le plus inconnu, vien-
dra prendre rang parmi les noms illustres que proclame l'histoire.
Bien des gloires sont venues lui emprunter de leurs lumières ; bien
des talents sont venus s'éclairer aux rayons de sa science ; et lui,
astre invisible, est resté caché derrière le nuage, attendant que le
grand jour écartât l'obscurité qui le dérobait aux regards.

J'ai essayé d'esquisser brièvement cette figure digne des pin-
ceaux d'une main plus habile, heureux si je suis parvenu seulement
à éveiller la curiosité sur un homme qui mérite de compter au
nombre des célébrités dont l'éclat a illuminé leur pays et leur
siècle.